INSTRUCTION PASTORALE
DE
MONSEIGNEUR L'ÉVÊQUE D'AIRE ET DE DAX,
SUR LE SATANISME,
ET
MANDEMENT
Pour le Carême de 1868.

MONT-DE-MARSAN,
TYPOGRAPHIE ET LITHOGRAPHIE DELAROY,
IMPRIMEUR DE L'ÉVÊCHÉ.
1868.

INSTRUCTION PASTORALE

DE

MONSEIGNEUR L'ÉVÊQUE D'AIRE ET DE DAX,

SUR LE SATANISME,

ET

N° 91.

MANDEMENT

Pour le Carême de 1868.

MONT-DE-MARSAN,
TYPOGRAPHIE ET LITHOGRAPHIE DELAROY,
IMPRIMEUR DE L'ÉVÊCHÉ.
1868.

INSTRUCTION PASTORALE
DE
MONSEIGNEUR L'ÉVÊQUE D'AIRE ET DE DAX,
SUR LE SATANISME,
ET
MANDEMENT
Pour le Carême de 1868.

Louis-Marie-Olivier **ÉPIVENT**, par la grace de Dieu et du Saint-Siége Apostolique, Évêque de la Sainte-Église d'Aire et de Dax,

Au Clergé et aux Fidèles de Notre Diocèse, Salut et Bénédiction en Notre-Seigneur Jésus-Christ.

Nos Très-Chers Frères,

Les hommes qui observent les phénomènes qui se passent de nos jours dans le monde religieux et social, sont étonnés de l'agitation extraordinaire qui se manifeste autour d'eux; ils tremblent à la vue des symptômes qui présagent quelque nouveau malheur aux vieux Trônes et aux vieux Autels; ils se demandent quel est le premier moteur de ces effrayantes convulsions qui agitent les masses populaires, et quel contre-poids opposer à cette force inconnue, pour rétablir l'équilibre troublé partout sur la terre. Ce sont là des mystères impénétrables pour ceux qui veulent expliquer ou dominer ces mouvements par les seules puissances de leur raison et qui excluent toute action surnaturelle dans le système des forces qui régissent le monde.

Il y a longtemps, N. T. C. F., que la religion a résolu tous ces problèmes, et si les hommes qui s'effraient à juste titre des catastrophes actuelles ou prochaines se décidaient à consulter les oracles de Dieu, ils trouveraient des réponses à tous leurs doutes, des remèdes, ou du moins des consolations à tous leurs maux. Ce n'est pas à dater de notre époque que *le monde est livré tout entier à l'esprit de malice* (1). Il y a longtemps que cet *esprit de tempêtes* (2) bouleverse le monde et s'oppose à l'esprit de Dieu, qui établit l'ordre et la paix partout où il règne. Cet esprit divin, principe de tout bien, et cet *esprit méchant* (3), cause de tout mal, voilà, N. T. C. F., ce qui peut seul nous rendre raison de tout ce que les hommes ont vu ou verront jamais de vertus et de crimes, de prospérités et de malheurs, de paix et de révolutions, dans ce monde déchu, depuis le premier jusqu'au dernier de ses jours. Ce sont là les deux esprits que la tradition antique et les enseignements de l'Église nous montrent en opposition irréconciliable, en guerre éternelle, thèse fondamentale de notre sainte religion, qui a inspiré les Pères de l'Église et que rajeunissent, à notre époque, tant d'écrivains catholiques, pour essayer de sauver le monde, s'il est possible, du satanisme qui l'envahit (4).

Jamais peut-être, N. T. C. F., il ne fut plus nécessaire de réhabiliter l'enseignement de la Sainte-Écriture et de l'Église, touchant l'influence surnaturelle d'un génie malfaisant dans les calamités de la terre. Satan, à l'heure qu'il est, *fait le tour du monde et le parcourt dans tous les sens* (5). Partout où passe ce *noir coursier* de l'Apocalypse (6), il ne laisse derrière lui que des débris de sceptres, des ruines de toute espèce que ses

---

(1) I. Joan. V. 19. — (2) Ps. X. 7. — (3) Act. XIX. 12. — (4) Parmi les anciens démonographes, voir Saint-Denis l'aréopagite, *de cœlesti Hierarchiâ*; Saint-Augustin, *de Civitate Dei*; Saint-Athanase, *in vitâ Sancti Antonii*; parmi les modernes, Gaume, *Traité du Saint-Esprit*, Mirville, *des Esprits*; Gorres, *La Mystique*, etc. — (5) Job. I. 7. — (6) VI. 5.

pieds renvoient en poussière ; on n'entend plus que les lamentations des enfants de Dieu, et les cris de joie de leurs oppresseurs auxquels Satan est parvenu à suggérer les projets les plus pervers, les erreurs les plus pernicieuses. Celui que Dieu a principalement chargé ici-bas d'observer sa marche insidieuse et d'en avertir les rois et les peuples, a beau nous crier : « Ces innombrables phalanges d'hommes qui marchent dans les voies de l'impiété, c'est Satan qui les a enrôlés sous ses étendards, Satan qui porte écrit sur son front : Mensonge (1). » Des hommes d'ailleurs amis de la religion et de l'ordre ne voient dans ces forfaits inouïs que des agents naturels, les légitimes aspirations des peuples. D'autres, plus téméraires, ne reconnaissent au génie du mal aucune influence surnaturelle dans les événements de ce monde, et, comme on l'a si bien dit, c'est là le triomphe de Satan, de s'être fait nier dans notre siècle. D'autres plus audacieux encore appellent Satan un mythe, une erreur, une niaiserie, » tout au plus, « un être autrefois maudit que la tolérance de notre siècle a relevé de son anathème, un révolutionnaire malheureux que le besoin d'action jeta dans des entreprises hasardeuses. » Et, là-dessus, ils s'en vont ensemble célébrer une orgie où on les a entendus boire à Satan. Et pour nous prouver que la distance n'est pas grande entre ceux qui nient Satan et ceux qui l'invoquent, quelques-uns nous font entendre le langage même du démon qui est en eux : « A moi, Satan, que la foi de mes pères opposa à l'Église et à Dieu ; viens, viens, Satan, toi, le calomnié des prêtres, que je t'embrasse et te serre sur ma poitrine. Tes œuvres, ô le béni de mon cœur, ne sont pas toujours belles ni bonnes ; mais elles seules donnent un sens à l'univers et l'empêchent d'être absurde. » Le possédé, dans ce dernier mot, a raison. Impossible d'expliquer ce qui se passe de mal dans le monde, sans le dogme catholique de la puissance que Dieu permet, dans la limite qu'il lui plaît, au génie du mal. Un semblable aveu était déjà tombé des « lèvres pincées comme un ressort prêt à se détendre pour lancer le blasphème » : (2) « Satan, c'est tout le christianisme. »

Oui, N. T. C. F., tout le christianisme est là, et la croyance dans l'action surnaturelle du monde supérieur sur le monde inférieur est le pivot sur

---

(1) Encyclique du 17 octobre 1867. — (2) M. de Maistre, parlant de Voltaire, 4ᵉ soirée.

lequel roule toute la machine de l'univers. Il y a toute la distance du Ciel à l'Enfer entre ce dogme et l'erreur grossière qui admettait deux principes éternels et éternellement en lutte; car la foi nous montre Dieu créateur et Satan créé, Dieu commandant en souverain maître à toute la création, gouvernant le monde, suivant le plan de sa sagesse infinie, et Satan tremblant sous la main de son créateur et entrant dans le plan divin jusqu'à la limite que Dieu a marquée pour sa propre gloire et pour le bien de ses élus. Cette guerre qui ne finira qu'avec ce monde s'est prolongée sur trois champs de bataille : 1° le Ciel ; 2° le Peuple de Dieu, et 3° la Sainte-Église. Dans un sujet si vaste, Nous ne pouvons procéder que par de grandes affirmations ; mais elles seront toutes fondées sur les enseignements de l'Écriture et de l'Église, sur les traditions judaïques et chrétiennes.

I.

Nous, catholiques, *enfants d'obéissance* (1), « nous croyons fermement que Dieu, par sa vertu toute puissante, a créé de rien, à l'origine du temps et simultanément, toutes les créatures spirituelles et corporelles, la nature de anges et celle du monde ; puis la créature humaine, appartenant par sa constitution à la nature des esprits et à celle des corps ; nous croyons que Satan et les autres démons ont été créés bons, qu'ils sont devenus méchants par leur faute et que l'homme a péché par la suggestion de Satan. (2) »

Cet article de foi, N. T. C. F., nous révèle la division qui a existé dès l'origine dans le monde angélique, et que l'altération des mauvais anges est la suite d'une faute irréparable. Or, toute faute suppose le libre arbitre mis en présence d'un précepte divin. Tous les anges ont donc été créés libres, et les mauvais, durant l'épreuve, ont abusé de leur liberté. Mais quelle est cette épreuve à laquelle ils ont failli ? La révélation seule peut nous en expliquer la nature, et voici ce que l'*Ancien des Jours* a daigné nous en apprendre.

Un grand combat fut livré dans le Ciel; Michel et ses Anges combat-

(1) I. Petri. I. 14. — (2) Concil. gen. Lateran. quart. C. I.

taient contre le Dragon, et le Dragon combattait, et ses Anges avec lui.
(1) Telle est l'origine du mal, et comme cet oracle divin nous révèle un grand mystère, il faut le méditer.

Un combat fut livré. C'étaient de purs esprits qui combattaient. La lutte n'avait donc rien de matériel ; c'était une opposition entre ces sublimes intelligences dont les unes disaient oui et les autres non à une vérité proposée. Cette vérité était supérieure à leurs facultés naturelles, et les anges, en y acquiesçant, méritaient une félicité plus grande que celle qu'ils possédaient déjà, et cette faveur était purement gratuite de la part de Dieu. Pour être méritoire, la soumission de leur volonté au précepte divin devait être coûteuse. C'était donc un mystère qui semblait choquer leur raison, déroger à leur excellence et offusquer leur gloire. Croire à ce mystère, sur la parole de Dieu, l'adorer, malgré son obscurité et leurs répugnances, telle fut l'épreuve des anges.

Le dogme à croire fut à peine proposé, que l'un des archanges les plus brillants poussa le cri de révolte : Je proteste, on veut me faire descendre. *Je m'élèverai au-dessus des astres, je m'assiérai sur le monde de l'alliance, au flanc de l'aquilon ; c'est moi qui serai semblable à Dieu* (2). Cette parole que l'Esprit-Saint attribue à Lucifer a fait croire fermement aux Saints et aux Docteurs de l'Église, que Dieu avait fait entrevoir aux Anges une créature qui devait *s'élever par-delà tous les cieux* (3), *au-dessus des Principautés, des Dominations* (4), et *s'asseoir sur le trône avec la gloire et la puissance de la royauté* (5). C'était donc le mystère du Verbe incarné. Satan ne pouvait jalouser l'homme, son inférieur en nature ; il ne pouvait désirer d'égaler Dieu ; car ce désir, dit Saint-Thomas, eut été absurde ; mais il a pu se révolter en voyant le Fils de Dieu *prendre notre nature et non celle des Anges* (6). Son orgueil a pu même désirer d'être le suppôt de la divine hypostase qui l'aurait fait asseoir à la droite de Dieu, au-dessus de tous les Esprits célestes. Comme Satan, les mauvais Anges n'ont pas voulu s'incliner devant une créature corporelle élevée au-dessus d'eux. Leur crime est consommé, et ces Anges si beaux, sont changés en horribles démons ; *Dieu alors divisa la lumière des ténèbres* (7) ; il les livre à un supplice

(1) Apoc. XII. 7. — (2) Isa. XIX. 13. — (3) Eph. IV. 10. — (4) Eph. I. 21. — (5) Apoc. V. 13. — (6) Hœbr. II. 16. — (7) Gen. I. 4.

immuable comme la volonté angélique qui choisit par une appréhension immédiate, irrévocable, tandis que l'homme ne se décide que par déduction. Satan tombe rapide comme l'éclair, *entraînant à sa suite la troisième partie des étoiles du ciel* (1), et la science d'aujourd'hui demande ce qu'est devenu le tiers des étoiles qu'elle reconnaît manquer physiquement dans le monde sidéral. *Il est précipité, avec ses anges, sur la terre* (2), *dans ce feu éternel* d'enfer que sa révolte vient d'allumer et que la croyance de tous les peuples place au centre de notre globe. Au même instant, les bons Anges sont confirmés en grâce ; il sont ravis dans un Ciel plus élevé, dans des extases plus sublimes encore. Dieu les rapproche de son trône, et là, partagés en neuf chœurs, ils commencent ce chant de l'*alleluia* et de l'*amen*, dont les échos se prolongeront dans les profondeurs de l'éternité.

Ce premier combat, N. T. C. F., a partagé les essences angéliques en deux camps qui seront toujours en guerre ; mais avant de voir ces deux armées en action sur notre terre, il faut poser avec Saint-Thomas une vérité fondamentale : Tous les êtres corporels sont gouvernés et maintenus par des êtres spirituels ; toutes les créatures visibles, par des créatures invisibles ; les esprits inférieurs, par des esprits que la nature ou la grâce a constitués dans un état supérieur. Dieu créateur de tous les mondes est le roi souverain et modérateur de tous les mondes, depuis la pierre brute jusqu'au plus bel Ange ; toute créature vient de lui et gravite vers lui. Mais *il a fait des Ministres de ses bons Anges* (3) et il n'a pas même entièrement exclu les mauvais dans la répartition de son gouvernement général. Dans la limite infranchissable qu'il leur trace, il les envoie exécuter ses arrêts de justice et ses divines vengeances ; il leur permet d'éprouver ses élus, et, malgré leur haine contre Dieu et contre nous, ils contribuent à sa gloire, à nos mérites, à notre éternelle félicité. Nos livres saints ne sont que l'histoire des faits qui confirment ce grand principe du surnaturalisme.

Si tous les Anges, ainsi que l'homme, étaient restés fidèles à Dieu, toute la création eût fonctionné dans une ineffable harmonie. Mais *une grande bataille fut livrée dans le Ciel*, et, après la victoire, il est resté un Roi et une grande armée de vaincus toujours rebelles. Quel est ce Roi ? Quel est

(1) Apoc. XII. 4. — (2) Apoc. XII. 9. — (3) Ps. CIII. 4.

son nom, son caractère et sa puissance? L'Esprit-Saint l'appelle *Satan*, *le démon, le diable* ; il l'appelle encore *le dragon, le serpent, le lion rugissant, la bête* ; il lui donne, en outre, plusieurs autres noms également horribles. C'est un *menteur*, un *homicide*, un affreux composé d'hypocrisie, de ruse, de fraude, de malice et des plus ignobles voluptés. Il est *le Prince des démons* (1). Mais entre lui et son dernier soldat, il y a des lieutenants, toute une hiérarchie. C'est que la subordination, dit Saint-Thomas, était, avant la chute des Anges, une condition de leur nature, et que, en tombant, ils n'ont perdu aucun de leurs dons naturels. Comme les hommes d'iniquité que nous voyons sur la terre, ils ne s'unissent que pour faire le mal, et, en dehors de toute action, ils se haïssent d'une haine incompréhensible. Leur armée est innombrable ; car la créature spirituelle, dit encore l'Ange de l'école (2), surpassant presque en nombre infini les créatures matérielles, il en résulte que les démons sont incomparablement plus nombreux que tous les hommes. S'il leur était permis, dit Cassien, de se rendre visible à nos regards, l'air en serait tout obscurci, et pas un homme qui ne mourût de frayeur, en voyant leur multitude, leurs mouvements furieux et les formes hideuses qu'il leur est permis de prendre. La force de Satan est incommensurable, et la force du démon le plus inférieur surpasse la résultante de toutes les forces humaines. On peut, dit encore Saint-Thomas, paralyser la vigueur d'un homme, en l'enchaînant ou en lui coupant les membres ; mais il faut un esprit supérieur pour comprimer la puissance d'un démon, et le monde serait bouleversé en un instant, comme les possessions de Job, si Dieu permettait à un seul démon d'agir dans toute l'intensité de sa force et de sa haine. Tout en se mouvant dans la sphère où Dieu renferme les démons, ils sont en contact continuel avec le monde par leur intelligence, par leur agilité et par mille autres moyens divers. Ils peuvent mettre ces facultés naturelles au service des hommes qui les invoquent, et dans ce grand crime, comme dans tous les autres, Dieu laisse à l'homme le libre exercice de sa volonté qui appelle le concours d'une volonté essentiellement mauvaise et plus puissante que la sienne. De là, N. T. C. F., ces divinations, ces évocations, ces pactes, ces possessions et ces maléfices, attestés par l'histoire de

---

(1) Matth. IX. 34. — (2) 1ª quest. 63. Art. 9.

tous les temps et de tous les peuples, qu'on ne peut nier, sans abjurer toutes croyances divines et humaines. Nous ne pouvons entrer dans le détail de toutes ces pratiques inventées par le satanisme ; mais des circonstances encore récentes Nous font un devoir de signaler ici, d'anathématiser certaines manifestations démoniaques, d'autant plus dangereuses qu'on s'efforçait d'en nier la cause véritable. Nous voulons parler des tables tournantes qui jetèrent le monde dans un étonnement qui étonna la vraie science religieuse. Quand les adeptes affirmèrent que le bois de la table devenait intelligent, qu'il se soulevait, qu'il frappait, qu'il écrivait même, le chrétien instruit ne nia pas ; car il se souvint de ces paroles des Prophètes : *Malheur à celui qui dit au bois : Anime-toi et lève-toi* (1). *Mon peuple a demandé des oracles au bois, et son bâton lui a répondu* (2). Il se souvint que Tertullien enseigne que *les démons se donnent aux vivants pour les âmes des morts*, et ce père nomme en toutes lettres les tables, comme des instruments de divination. *Demones perinde mortuos fingunt, per eos divinare consueverunt* (3).

II.

Vous connaissez maintenant, N. T. C. F., le roi des démons. Son armée est déjà rangée en bataille et il n'attend plus que l'heure du combat. Cependant Dieu continue le grand œuvre de la création ; le travail des six jours avance ; et voici l'homme et la femme qui paraissent au second plan de la création. Adam si beau et Ève si pure, un esprit uni à un corps, c'est ce que Satan a entrevu au Ciel ; il ne faut plus que l'union du Verbe pour opérer ce mystère qu'il a refusé de croire et d'adorer. Des flancs de cette souveraine de l'univers doit sortir l'homme de la divine incarnation, ce nouvel Adam qui occupera au Ciel cette place suréminente que Lucifer avait convoitée. De là sa jalousie contre Adam et sa haine contre Ève. *Le Dragon se mit donc en face de la femme pour dévorer l'enfant mâle qu'elle devait mettre au monde, et qui devait régner sur toutes les nations* (4). La femme tombe, trompée par le *père du mensonge* (5), et elle entraîne dans sa chute l'homme qu'elle tenait par la main et par le

---

(1) Habac. II. 19. — (2) Osée. IV. 12. — (3) Apolog. — (4) Apoc. XII. 4-5. — (5) Joan. VIII. 44.

cœur. Dieu prononce la sentence des deux coupables ; mais plus à plaindre dans leur faute que les mauvais anges, ils reçurent la promesse d'un libérateur, *dans le Paradis, à la brise du soir* (1) qui ferma le jour où commença de couler ce torrent de larmes qui ne tarira qu'au dernier des jours.

C'en est fait, il faut quitter ce beau Paradis ; il faut traverser *la vallée des pleurs* (2), *la vallée des cadavres, de la cendre, de la région de mort, jusqu'au torrent de Cédron* (3), jusqu'à cette autre *vallée* où toutes ces cendres humaines se ranimeront *pour assister au jugement* (4). L'heure de l'exil a sonné et l'humanité se met en marche. Elle va promener sur toutes les plages toutes les misères que Satan lui a déjà faites et toutes celles qu'il s'apprête à lui faire encore. Toutefois, en quittant l'Eden, l'homme emporte une grande espérance ; il cheminera, appuyé sur elle, et durant sa marche à travers quarante siècles, ses pensées, ses désirs, ses chants et ses pleurs, n'auront d'autre objet que l'Emmanuel qui *désarmera ces principautés et ces puissances* (5) que l'homme va rencontrer sur la route de l'Eden au Golgotha. Il est accompagné d'un bon ange et de la femme qui a péché comme lui, qui souffrira avec lui et qui aura pour le consoler des charmes de douceur, qu'il ne pourra lui rendre, quand il la verra endurer des douleurs plus grandes encore que les siennes. *Multiplicabo œrumnas tuas* (6).

Bientôt cette femme commence de subir sa sentence. Caïn et Abel déchirent ses entrailles ; Satan s'empare de l'aîné et il tue Abel qui renaît bientôt dans Seth. Désormais la division dans le genre humain est établie. Caïn et Seth vont devenir les ancêtres de deux races d'hommes qui auront chacune leur chef, leurs mœurs, leur nom. Les uns s'appelleront *les enfants de Dieu* et les autres *les fils de Bélial*. Le flot de la génération monte. Tout homme qui vient au monde est libre de choisir entre les deux chefs et les deux armées. Mais il n'est pas libre de se passer de maître, il faut qu'il soit à l'un ou à l'autre et qu'il s'enrôle dans l'une des deux armées. Et, ce qui est vrai de l'individu, l'est aussi de la famille, de la société, du genre humain tout entier, et ce parallélisme qui se dessine dès les premiers jours du monde ne fera, en traversant les siècles, que s'accentuer davantage.

(1) Gen. III. 8. — (2) Ps. LXXXIII. 6. — (3) Jerem. XXXI. 10. — (4) Osée. 3. 12. — (5) Col. II. 15. — (6) Gen. III. 16.

A mesure que la race humaine se multiplie, le règne de Satan se dilate. Dieu même déclare bientôt que *toute chair a corrompu sa voie*, et il ouvre les cataractes du ciel pour submerger, par un déluge, les abominations dont les démons ont souillé la terre. Tout est englouti, hormis la famille du juste, hormis le germe du bien et de mal ; caché dans l'arche, au fond même du cœur humain. L'Esprit de Dieu planait sur les eaux et l'esprit de Satan sort de l'abime. Il attend la colonie sauvée sur la montagne où l'arche allait échouer. Un père et trois fils en sortent. Un crime, tel que l'histoire n'en a jamais mentionné depuis, est commis par l'un des enfants qui venait de passer par un si terrible baptême. Ce fils est maudit ; il devient le père d'un grand peuple, et le sceau de malédiction reste au front de toute sa race, tel que nous le voyons encore aujourd'hui. Le dualisme recommence donc, il pose, aux regards de ce nouveau monde, sa personnification et son symbole. Il suffit, pour le prouver, de rappeler Isaac et Ismaël, Jacob et Esaü, Joseph et ses frères, Juda et Israël, Jérusalem et Babylone. Tout ce que Dieu ordonne à son peuple pour son culte, Satan en suggère la parodie *aux enfants des hommes* mêlés aux enfants de Dieu. La foudre de Jéhovah fumait encore sur le Sina, les échos de la montagne répétaient encore les derniers éclats de sa voix et de son tonnerre, et Satan érige son veau d'or dans la plaine, et il le fait adorer par ce peuple que *Dieu venait de sauver, devant lequel il avait opéré tant de choses miraculeuses en Egypte, tant d'admirables dans la terre de Cham, et de terribles sur la mer rouge* (1). Cependant les prophètes détournaient le peuple avec menace de ce culte des démons ; Dieu lui-même lui parlait du haut des cieux et de la *formidable montagne* (2). Il semble, en lisant la Bible, que ce soit une guerre de Dieu à dieux. *Vous n'aurez point de dieux étrangers* (3). *Tous les dieux des gentils sont des démons* (4) ; *il n'y a qu'un seul vrai Dieu en Juda, et périssent tous les autres dieux qui n'ont point fait le ciel et la terre* (5).

Nous n'avons pas le temps, N. T. C. F., de suivre le satanisme dans les migrations qui se sont éloignées du berceau du genre humain. Dieu avait

---

(1) Ps. CV. 22. — (2) Exod. XIX. 18. — (3) Deut. V. 9. — (4) Ps. XCV. 5. — (5) Jerem. XII.

donné à son peuple, pour base constitutive, un culte révélé, des lois divines, des livres inspirés. Le démon donne aux peuples qui se séparent du peuple de Dieu la contrefaçon de toutes ces choses. Tous se vantent d'avoir quelque Dieu pour fondateur, des livres sacrés, une religion tombée du Ciel. Mais quelle religion, grand Dieu ! C'est Satan, sous la forme des animaux les plus affreux, des figures les plus obscènes, qui en est l'idole. Du sang, du sang humain, Satan veut en boire à pleine coupe, et, en haine toujours de la vision qu'il a eue au Ciel, il préfère le sang de *la femme et de l'enfant*. Les mystères de la divinité sont des ignominies, et ses adorations des actes tellement infâmes, que la volonté du sauvage les repousserait, si elle n'était pas dominée par une volonté supérieure. Chez ces pauvres peuples où Satan règne sans rival, l'homme est torturé dans son âme, disloqué dans tous ses membres, défiguré dans son visage, marqué sur toute la peau du caractère de Satan, par des usages et des observances que leur imposent des dieux cruels. Et remarquez, N. T. C. F., que cet esclavage de l'homme sous les démons n'a pas seulement subsisté chez les peuples barbares. Il existait dans la savante Egypte, dans la Grèce lettrée, chez le peuple souverain de Rome; et cet état lamentable subsiste encore aujourd'hui, partout où Jésus-Christ n'est pas encore allé détrôner ce tyran de l'homme et des nations.

III.

Cependant les siècles passent ; voilà déjà quatre mille ans que Satan boit, en chantant, les sueurs de l'homme, les pleurs de la femme, cette femme esclave de l'homme, dont on ne pourrait écrire l'histoire, jusqu'à Marie, qu'avec du sang, de la boue et des larmes. Il est temps que le libérateur vienne délivrer le genre humain captif, guérir ce vieux malade qui se roule sur sa couche de douleur et d'ignominie. Le voici, le *désiré des nations*, qui vient *chasser le Prince de ce monde* (1). Satan le reconnaît, et, en le voyant se mettre à l'œuvre, il lui jette son insolent défi. Il pouvait alors lui offrir, en échange d'une adoration, *tous les royaumes du monde*, comme lui appartenant ; mais, dès lors aussi, il reconnut son maître, quand le Verbe incarné lui dit : *arrière, Satan*. Désormais la guerre est déclarée.

(1) Joan. XII. 31.

Jésus poursuit Satan dans tous les lieux, il le chasse de tous les corps et l'on entend le démon lui dire : *Saint de Dieu, je te connais ; tu es venu pour nous perdre tous* (1) ; *de grâce, ne nous torture pas*, et si tu ne veux plus nous laisser dans l'homme, *laisse-nous du moins passer dans les pourceaux* (2).

C'est sur le Calvaire, N. T. C. F., que Jésus dépouille Satan et ses anges de leur puissance ; c'est à sa croix qu'il les attache comme ces rois enchaînés que le triomphateur attachait à son char. Il avait promis à ses disciples de les faire *marcher sur les serpents et sur les scorpions, sans qu'il leur en arrivât aucun mal* (3); et sa promesse est accomplie. Satan n'est plus notre maître ; mais il est toujours notre ennemi. Le Sauveur nous en avertit et il nous ordonne de nous armer de toute pièce pour le combat. *Induite vos armaturam Dei* (4). Cependant, tout *blessé qu'il est à la tête* (5), cet ennemi va suivre pas à pas l'Église, ses apôtres, ses fidèles, jusqu'à la fin des temps. Seulement, il changera de tactique. Il apparaîtra quelquefois encore, comme par le passé, sous d'effrayantes manifestations ; mais, pour l'ordinaire, il se fera des suppôts parmi les hommes ; il leur suggérera toute sa haine, toute sa malice contre Dieu et contre les âmes. Il en fera de *vrais démons* (6), *des fils de la Géhenne* (7), *ardents à remplir tous les désirs de Satan, leur père* (8). Jetons un coup d'œil rapide sur cette lutte suprême.

Les Apôtres ont assisté au triomphe de Jésus-Christ sur Satan ; ils sont chargés de continuer la guerre avec cet ennemi, et ils ont entendu le divin maître leur révéler la fureur particulière de Satan contre eux, surtout contre Pierre, leur chef. *Simon, Simon, ecce Satanas expetivit vos* (9). Ils partent les pieds nus, sans autre arme qu'une Croix, sans autre feuille de route que ce mot : *allez et enseignez* ; sans autre compagnon de voyage, que ce Jésus qui a promis d'être toujours avec eux. Dès les premiers pas, Pierre rencontre l'ennemi, dans la personne d'un apostat nommé Simon. C'était *le fils aîné de Satan* ; il séduisait le peuple, en opérant devant lui d'étranges prodiges, à l'aide des démons. Un jour le magicien s'éleva même dans l'air.

(1) Marc. I. 23. — (2) Luc. VIII. — (3) Luc. X. 19. — (4) Eph. VI. 2. — (5) Apoc. XIII. 3. — (6) Joan. VI. 71. — (7) Matth. XXIII. 15. — (8) Joan. VIII. 44. — (9) Luc. XXII. 31.

Pierre s'agenouille, il prie ; à l'instant les démons abandonnent Simon, il tombe, et ce premier Pape apprend à Satan quelle puissance il aura à combattre dans tous les autres Pontifes de Rome, successeurs de Pierre. Paul le reconnaît aussi dans la pythonisse de Philippes : *au nom de Jésus-Christ, lui dit-il, je t'ordonne de sortir de cette jeune fille, et il en sortit à l'heure même* (1). Avec quelle assurance le même Apôtre gourmande encore Satan, qui se servait d'un Elymas pour paralyser son apostolat. *Enfant du diable, ne cesseras-tu point de pervertir les voies droites du Seigneur. La main de Dieu est sur toi et tu vas devenir aveugle* (2). Tous les autres Apôtres ont aussi vaincu Satan, et c'est lui qui, pour se venger, les a fait mourir dans d'affreux supplices. Mais ce n'était pas seulement ces grands hommes qui avaient pouvoir sur les démons. On se souvient de ce défi porté par l'Église naissante au monde païen : « Amenez-nous un possédé ; qu'un chrétien, le premier venu, lui impose les mains, et si Satan ne se retire pas à l'instant, nous consentons que ce chrétien soit mis à mort » (3). Aussi Satan recule partout devant ces soldats de Jésus-Christ qui remplissent déjà le monde ; ses oracles se taisent, ses temples s'écroulent, et il s'en va cacher sa honte sous les ruines de son Empire.

Furieux de sa défaite, Satan devient féroce. Il souffle partout la persécution, et pendant trois siècles on l'entendit crier : les chrétiens aux bêtes. La dent des lions et la griffe des tigres ne suffisaient pas même pour assouvir sa rage. Il invente des supplices que l'homme, tout vicié qu'il soit, n'avait jamais employés jusque-là pour faire souffrir son semblable. Ces chevalets, ces torches, cette huile bouillante, ces ongles de fer, ces mamelles découpées, ce plomb fondu dans la bouche, ces entrailles dévidées sur la roue, comme le fil sur le fuseau, cherchez, N. T. C. F., tout cet attirail de tortures, chez tous les peuples et dans tous les siècles, vous ne le trouverez pas. Supprimez le souffle de Satan dans le martyre des chrétiens, et vous ne le comprendrez plus ; vous ne vous expliquerez pas surtout pourquoi ce raffinement de cruauté a été exclusivement réservé aux chrétiens. Eh bien ! dans cette lutte sanglante, Satan est encore vaincu. Les chrétiens avaient entendu Saint-Paul leur dire que *Dieu est fidèle*, et ils voyaient ce Dieu fidèle venir,

---

(1) Act. XVI. 18. — (2) Act. XIII. 10. — (3) Tertullien, apolog.

à l'heure de l'épreuve, souffrir lui-même dans ses martyrs. Témoin cette jeune femme que l'on entendait crier dans son cachot, durant les douleurs ordinaires de l'enfantement. Les démons lui disaient, pour la tenter : Félicité, comment feras-tu demain dans l'arène pour endurer de bien plus cruelles douleurs. Ah ! répondit la sainte, c'est moi qui souffre aujourd'hui ; demain un autre souffrira pour moi. Et, en effet, le lendemain on vit la sainte lancée dans l'air par un taureau furieux ; puis, en retombant, elle rajustait ses vêtements avec modestie, et sans souvenir de ce qui s'était passé dans son extase, elle demandait : Quand est-ce donc que l'on commencera ? Dix millions de martyrs enregistrés dans nos glorieuses annales sont autant de victoires remportées par les chrétiens sur les démons.

Cependant les haches s'émoussent, les bûchers s'éteignent, le sang des martyrs devenait une semence de chrétiens, et Satan voit enfin que les persécutions ne travaillaient pas au profit de l'enfer. Satan rejette donc ces armes usées et il va en essayer d'autres. Ce sont les schismes, les hérésies, dont Jésus-Christ nous a révélé l'incompréhensible nécessité. Impossible encore ici, N. T. C. F., d'expliquer, sans la donnée de Satan, ce grand mystère de l'erreur. Voilà des chrétiens qui *n'avaient qu'un cœur et qu'une âme*, vivant heureux dans la même foi. Qui nous dira, sans sortir de l'ordre naturel, comment et pourquoi ils vont se séparer, se haïr, se combattre avec acharnement, sans aucun intérêt humain, pour une variante dans la langue théologique, pour l'addition du mot *Fils* dans le symbole, pour la si douce appellation de *Mère de Dieu*, donnée à Marie ? Ah ! reconnaissons ici le *vieux menteur*, agitant l'arbre de l'Église de son souffle superbe, et versons des larmes amères sur tant de branches qu'il en a détachées, qui sont là gisant sur le sol de l'Europe, en attendant d'être jetées dans le *feu préparé à Satan et à ses anges*.

Pour combattre ces erreurs nouvelles et les restes d'idolâtrie qui souillaient encore la face de la terre, Rome ne cessait d'envoyer des apôtres, comme le soleil envoie son inépuisable lumière sur le monde ; et ils ont trouvé Satan sur leur chemin comme les premiers ; mais aussi, comme les premiers, ces apôtres secondaires ont traité Satan avec toute la hauteur d'un maître vis-à-vis d'un esclave révolté. Grégoire le thaumaturge l'avait chassé d'un temple païen. Le gardien du sanctuaire pria l'Évêque de faire revenir l'oracle menteur. Le Saint lui remit ce mot écrit : *Grégoire à Satan, rentre*, et le démon rentra, et le prêtre païen se convertit. Quand Saint-Martin de Tours commença son apostolat des Gaules, Satan lui dit : Attends-toi à me trouver partout sur ton chemin. Eh bien ! soit, répondit le Saint ; et, de ce moment, le grand thaumaturge devient la terreur des démons. Il souffle sur leurs temples et les temples s'écroulent, sur les incendies qu'ils allumaient et les incendies s'éteignent. Il va mourir, et Satan ne lui apparaît que pour recevoir une malédiction dernière. Les innombrables merveilles que tous ces grands Évêques opéraient n'avaient pour but principal que de détruire le satanisme. « Je suis le plus grand des pécheurs, le dernier des hommes, disait Saint-Patrice, apôtre de l'Irlande Dieu m'a cependant accordé le don des miracles pour confondre les prodiges que le démon opère par la magie, et qui empêchent le peuple de se convertir. » Toute la vie des Saints a été un train de guerre contre les démons. Le patriarche des moines d'Occident avait pris pour devise et signait toujours : *Benoît, ennemi de l'antique serpent*. Quand il écrivait la règle inspirée de son ordre, il disait que chaque article était à l'adresse du démon. Les apôtres des pays idolâtres le rencontraient encore quelquefois sous son ancienne forme de Dragon, de serpent, qu'il a de tout temps préférée pour s'offrir aux hideuses adorations des païens. Cette forme revient trop souvent, à l'origine chrétienne des peuples, elle est trop bien attestée par la tradition, que nos savants modernes reconnaissent enfin « quatre fois plus vraie que l'histoire » (1), pour croire à des écrivains d'ailleurs catholiques qui, par condescendance pour l'esprit du jour, nous disent que c'est là un symbole du paganisme qui désolait la contrée. Le chrétien, à la foi ferme, s'ennuie à la fin d'entendre traiter ses plus glorieux titres, de pieuses fictions, de récits légendaires. Il n'admet pas le système du mythe pour base de son histoire religieuse ; car il lui faudrait logiquement l'admettre dans sa religion elle-même. Il voit, le livre à la main, les disciples du Dieu vainqueur des démons combattre d'énormes reptiles, à Paris, à Tarascon, à Périgueux, au Mans, surtout en Armorique. Le Breton ne passe jamais, sans se signer, devant le *Toull-ar-Sarpant*, l'abîme du serpent, dans l'île de Batz où Saint-Paul de Léon traîna, avec son étole, le

(1) Augustin Thierry.

monstre prodigieux qui épouvantait toute la contrée. Le chrétien croit à toutes ces merveilles, parce que l'envoyé de Dieu en avait besoin, pour accréditer sa mission ; parce que c'est le cri de ses pères dans tous les siècles ; parce que l'évolution de tous ces faits s'opère, comme dit Mabillon, dans les habitudes normales du miracle ; parce que l'Église a fait de ces vieilles légendes ces bonnes prières et ces belles hymnes qu'elle met sur les lèvres des prêtres et des fidèles, en la fête de leur saint patron.

La vie de l'un de ces apôtres, de Saint-Mamert, Évêque de Vienne, en Dauphiné, confirme ce que la Sainte-Écriture et l'Église nous enseignent sur l'influence démoniaque, du côté typhorien, calamiteux du monde physique. Quand Dieu veut avertir les hommes qu'il n'est pas content, il envoie une de ces rafales de Justice, qu'on a observées dans tous les temps, et il charge *les esprits qu'il a créés pour la vengeance* (1) de la diriger là où il lui plaît. Une simultanéité de fléaux vint donc, au temps de Saint-Mamert (2), donner au monde un de ces avertissements solennels. Les éléments en désordre, les animaux de la forêt, les spectres effrayants jetaient la terreur dans tout le pays. L'Église avait déjà ses prières, ses exorcismes, son eau bénite, pour conjurer tous ces maléfices ; mais le saint Évêque fit, avec son peuple, des prières spéciales qui détruisirent cette coalition démoniaque. L'Église a gardé ces prières dans sa liturgie, et chaque année les Rogations promènent ces conjurations par les champs, dans une saison où les moissons tendres encore sont plus exposées aux influences des génies malfaisants qui sont dans l'air. Dieu nous avertit aussi, N. T. C. F., à la manière des temps antiques. N'avons-nous pas vu les débordements de nos fleuves, les sauterelles de l'Algérie, le coup de vent des Antilles, et même, en des jours de révolution, la tempête du Ciel coïncider avec les orages populaires. Nos pères attribuaient toutes ces calamités à *l'esprit méchant* (3); et le monde les subit maintenant comme un hasard malheureux. Vous du moins, bons chrétiens des Landes, souvenez-vous qu'il ne suffit pas d'écheniller, de soufrer, d'appeler le médecin, quand les insectes rongent vos fleurs qui vous devaient des fruits, quand vos vignes sont malades et vos pommes de terre altérées, quand le choléra rase vos rivages, comme le vautour égaré des

---

(1) Eccli. XXXIX. 33. — (2) En 468. — (3) Act. XIX. 12.

Pyrénées, et que les hommes sont fauchés comme l'herbe par ce mal dont on ne connaît encore ni l'origine, ni la marche, ni le remède. Il faut prier Dieu, les bons anges, et surtout la Reine des anges ; il faut aller à Buglose et à Maylis, qui sont là, parmi vous, comme deux forteresses qui vous défendent contre toute la milice de l'enfer ; il faut prier Saint-Vincent-de-Paul de vous garder de ce démon *qui se pose sur le sable* (1) comme il gardait jadis son troupeau dans les champs de Ranquines.

Ces manifestations éclatantes du démon, N. T. C. F., sont exceptionnelles et passagères. Mais son action la plus incessante est celle qu'il exerce sur chacun de nous. Le Prince des Apôtres nous le montre *comme un lion rugissant qui rôde sans cesse autour de nous ;* Jésus-Christ nous donne pour armes contre lui la vigilance, la prière, le jeûne et sa grâce. Mais, pour former nos mains à ce combat personnel, il faut aller au désert, contempler ces géants de la mortification chrétienne, connus sous les noms des Paul, d'Hilarion, de Pacôme, de Macaire, d'Antoine. Saint-Athanase, Saint-Jérôme nous parlent longuement de Saint-Antoine. Sa vie est la grande épopée du combat de l'homme contre Satan, et c'est pour cela que les suppôts de Satan l'ont ridiculisée par le roman, par l'opéra, par la philosophie, par la peinture. Mais toutes ces moqueries n'ébranleront pas le monument élevé à l'ange du désert par le vainqueur de l'arianisme.

Nous sommes dans la vallée du Nil, non loin de la région où Raphaël avait enchaîné le démon Asmodée, dans une terre qui semble vouée de tout temps aux esprits infernaux. C'est là que des exilés volontaires du monde sont venus par milliers acheter le repos au prix de tentations surhumaines. Heureux, quand, sur le flanc d'un mont sauvage, ils trouvaient un vieux sépulcre pour abri, un palmier pour ombrage, quelques racines pour nourriture, et pour boisson l'eau du torrent. Antoine est à leur tête. Le noble jeune homme a distribué ses grands biens aux pauvres et il s'en va au désert avec tout ce qui bouillonne dans un cœur de vingt ans. Tous les démons l'y attendaient. Ils lui offrent la tentation dominante de l'homme, la volupté, sous des images tellement frappantes, qu'elles devenaient pour lui comme objectives et palpables. Antoine résiste à tout : les démons ne se

(1) Apoc. XII. 16.

rebuttent pas ; ils essaient de l'épouvanter, en revenant vers lui sous les formes les plus effrayantes, les plus hideuses ; Antoine n'a pas peur. Les athlètes semblent se prendre corps-à-corps ; on entend des bruits d'enfer, des voix invisibles qui se disputent, des craquements dans l'ermitage comme s'il s'écroulait, et la terre remuée tout autour. Quelquefois même, dans des accès de fureur, les démons frappaient Antoine et couvraient tout son corps de blessures. Après une lutte de quatre-vingts ans, Antoine reste debout sur le champ de bataille, et Saint-Athanase nous montre le démon aux pieds de son vainqueur, sous cette forme dramatique : « Le voyez-vous, ce fier dragon, suspendu à l'hameçon de la croix, un carcan au cou, les lèvres traversées par un anneau ? Le voyez-vous, cet orgueilleux devenu timide comme un passereau, et n'osant soutenir le regard du saint ermite ? » Ah ! ne quittons pas, N. T. C. F., ce grand dompteur de démons, sans qu'il nous révèle sa science du combat. « Mes bien-aimés, disait-il à ses disciples, résistez courageusement au démon. Croyez-moi, Satan redoute le jeûne, la prière, l'humilité, les bonnes œuvres ; un signe de croix suffit pour dissiper ses prestiges. Ainsi je l'ai combattu toute ma vie, et, à présent que je vais mourir, je remercie Dieu des tentations qui ont tant profité à mon âme et qui vont m'obtenir une plus belle couronne. »

Ces mêmes tentations des saints ont accompagné chaque homme dans tous les siècles, donnant la mort et l'opprobre aux uns, et aux autres le mérite et la gloire. L'Écriture donne sept têtes au *grand Dragon qui séduit tout l'Univers* (1), et l'Église sept chefs qui distillent autant d'espèces de venin, qui tuent les hommes en grand nombre. Mais aujourd'hui, ce venin est devenu tellement subtil et stupéfiant, que les hommes l'absorbent, sans le reconnaître, et meurent en niant ses effets délétères. On n'entend plus parler du démon ; son règne, dit-on, a cessé, et le chrétien qui a encore un grain de foi observe Satan agrandissant partout son empire ; et les hommes sérieux de notre époque poussent en vain le cri d'alarmes. Ah ! *perçons la muraille,* N. T. C. F., que le progrès, la civilisation moderne, les principes nouveaux, élèvent devant les regards distraits du monde, pour lui cacher Satan régnant en souverain satisfait sur nos sociétés. Satan règne par le

(1) Apoc. XII. 9.

rationalisme qui affranchit la raison de toute autorité divine ; il règne par le sensualisme qui prêche la morale indépendante, qui parle sans cesse de liberté ; mais qui la veut surtout pour les sens ; il règne par le césarisme qui érige en Papes la moitié des Souverains de l'Europe et qui pousse l'autre moitié à étouffer la voix de l'Église, à l'enchaîner, à la dépouiller, à la regarder comme une ennemie ; il règne par sa haine contre le catholicisme, qui se manifeste dans les journaux dont il fait ses organes, par des blasphèmes que l'oreille de l'homme n'avait jamais encore entendus ; il règne dans les sociétés secrètes où il marque ses adeptes *du caractère de la bête*, qui les fait partout reconnaître : orgueil, mensonge, homicide, impureté. C'est là que se font *les pactes avec la mort, les alliances avec l'enfer* (1). Malheur à qui trahirait le serment qu'il a fait au démon, la pointe d'un poignard sur la poitrine ; le poignard s'enfoncerait jusqu'à la garde dans son cœur. Et quel est ce serment ? Oserons-Nous le dire ? « Lucifer est le chef de la pyramide sociale ; c'est lui qui est le premier ouvrier, le premier révolté, le premier martyr. Nous, révolutionnaires, nous devons, par respect et par gratitude, porter sur notre drapeau l'image chérie de l'héroïque insurgé, qui le premier osa se révolter contre la tyrannie de Dieu » (2).

Mais un signe du temps, celui qui prouve le plus clairement que Satan veut régner à la place de Jésus-Christ, c'est la persécution qu'il inspire aux rois et aux peuples, contre la Papauté et son domaine. La cité de Satan avait d'abord été Babylone. Quand cette *Reine des nations* tomba sous la malédiction de Dieu, tant de fois annoncée par les prophètes, Satan s'était bâti une autre cité à l'occident. Nous le voyons présider seul à sa fondation, la cimenter par un fratricide, inspirer à Numa des lois tellement obscènes que jamais ce roi n'osa les publier tout entières. Pendant près de huit siècles, Satan avait régné à Rome, comme partout ailleurs, par la cruauté, par l'esclavage, par la luxure. Dieu, de son côté, avait résolu de poser à Rome le trône de son Fils, et, au temps marqué, il avait envoyé un batelier de la Judée en prendre possession au nom de Jésus-Christ qui l'avait choisi pour son Vicaire. Investi de toute la puissance de son divin Maître, Pierre chasse

---

(1) Isa. XXVIII. 15. — (2) Discours prononcé dans une réunion de francs-maçons, en 1862.

Satan de Rome ; mais, en quittant Rome, Satan répéta, comme un rugissement, sa parole d'autrefois : *Je retournerai dans la demeure d'où je suis sorti* (1). Ce n'est pas tant Rome qu'il convoite que le trône du Roi-Pontife, qui le combat dans tout l'univers. Que d'armées Satan a conduites contre les Papes, contre Rome et son territoire ; et les hommes qu'il enténèbre demandent gravement s'il ne vaudrait pas mieux lui abandonner ce coin de terre, que de vivre en guerre continuelle avec l'enfer. Et, à présent qu'il a tout envahi et qu'il est aux portes de Rome, ces mêmes hommes lui passent les faits accomplis, pourvu qu'il laisse Rome seule dans la plaine, comme un monument du désert.

Mais d'où vient donc, de nos jours, ce redoublement de fureur qui pousse Satan et ses satellites contre Rome? Ah! Nous en savons la cause, N. T. C. F. Il persécute encore la Femme. *Persecutus est Mulierem*. Sans doute, c'est Jésus, fils de la Femme, qui est *le vainqueur du Dragon* ; mais pourtant, sans Marie, le vainqueur n'eût pas existé, et c'est pour cela que Dieu dit à la femme et non à l'homme : *Tu lui écraseras la tête*. C'est pour cela aussi que l'Église fait hommage à Marie de toutes les victoires remportées sur l'Enfer, et qu'elle chantera, jusqu'à son dernier jour, que c'est *la Vierge qui a exterminé dans le monde toutes les hérésies*. C'est pour cela encore que la femme a toujours été l'objet préféré de la haine de Satan, qu'il l'a tourmentée, avilie, dégradée, partout où il a régné en souverain, pour empêcher le monde de croire à la sublimité de sa destinée future ; c'est pour cela qu'aujourd'hui encore nous le voyons en faire, dans les évocations, son *médium* de prédilection. Il a dû même entrevoir, au Ciel, la douce figure de cette femme élevée au-dessus de tout ce qui n'est pas Dieu, à côté de cette autre figure divine et humaine qu'il a refusé d'adorer. C'est pour cela enfin qu'il *descend sur la terre en grande colère* chaque fois que l'Église décerne à Marie un surcroît de gloire extérieure. Mais c'est Pie IX qui a salué *Marie pleine de grâce*. En proclamant le dogme de l'Immaculée Conception, il a couronné l'éternelle ennemie de Satan d'un diadème de gloire incompréhensible. Il a fait tomber le dernier éclat de la foudre dont le serpent fut menacé il y a six mille ans. *Ipsa conteret caput tuum*. C'est

(1) Matth. XII. 44.

vraiment aujourd'hui que la Femme, la seule qu'il n'ait pu atteindre, broie la tête du serpent sous son pied virginal. O Pie ! vous endurez des épreuves inconnues à vos devanciers ; jamais ils n'ont vu l'Europe catholique sanctionner la rapine et les sacrilèges commis contre la Papauté. C'est Satan et ses anges qui vous suscitent toutes ces angoisses ; elles sont grandes ; mais sont-elles comparables au coup terrible que vous leur avez porté le premier? Souffrez donc, ô vous qui êtes la cause de tout ce soulèvement de l'enfer. Vous l'avez bien mérité ; mais vous méritez aussi, nouveau Gabriel, de voir, avant de mourir, Satan vaincu dans cette lutte, chassé des champs de Rome, refoulé par delà les frontières que le doigt de Dieu a tracées, il y a plus de mille ans, et que Satan, malgré tant d'essais, n'avait jamais pu envahir encore.

L'année dernière, à pareille époque, N. T. C. F., Nous vous disions avec l'accent de notre foi et de notre amour : *Travaillez à votre salut avec crainte et tremblement* (1) ; Nous vous disions que le salut est une conquête, la vie un combat et le Ciel le prix du vainqueur. Cette année donc il fallait vous orienter sur le champ de bataille, vous dire quel ennemi vous aviez en face et par quelles armes éprouvées vous pouviez facilement le vaincre. Vous connaissez déjà l'ennemi qui est collé à votre être, comme une tunique empoisonnée. Mais songiez-vous que *vous n'avez pas seulement à combattre contre la chair et le sang, mais encore contre les principautés et les puissances, contre les princes de ce monde, contre les esprits de malice répandus dans l'air* (2). Ces noms seuls, dont chacun désigne une armée, ne vous font-ils pas peur ? Et puis, sans la science catholique du satanisme, comment pourriez-vous comprendre l'histoire du monde et de ses catastrophes, de l'homme et de ses douleurs, surtout de l'Église et de ses épreuves ? Quelle cause pouviez-vous donner à ces assauts contre Rome, à ces blasphèmes contre Jésus-Christ, à ces engagements horribles de mourir dans la haine de Dieu, à cette avalanche de feuilles impies et de livres impurs, à ces écoles où maîtres et élèves professent impunément l'incrédulité, à ces *ténèbres palpables* (3) que les démons traînent, comme un sombre drap mortuaire, pour en couvrir toute la terre et pour y ensevelir le catholicisme. *Rectores tenebrarum* (4).

(1) Phil. II. 12. — (2) Eph. VI. 12. — (3) Enoc. X. 21. — (4) Eph. VI. 12.

Mais sans sortir hors de vous-même, vous tous, Frères et Sœurs, qui avez écouté Satan, ne sentez-vous pas le joug de fer qu'il vous impose? Que de fois vous avez pleuré, au souvenir de votre chasteté passée, de la paix que vous n'avez plus. Aux jours du Carême, d'une grande fête, d'une retraite, de quelque grâce extraordinaire, vous vous êtes même dit : J'irai à confesse, je ferai mes Pâques ; je vous quitterai, démons impurs, car tout l'Enfer est déjà dans mon cœur. Mais le maître impitoyable venait aussitôt étouffer ces bons désirs et vous demander encore quelque honteux sacrifice. Ah! écoutez bien les voix qui parlent en vous ; vous entendez celle qui domine vous dire d'un ton impérieux : Pas de résistance, tu es à moi. En me donnant ta volonté, tu m'as tout donné. Jeune personne, donne-moi ton innocence, tes sentiments naïfs et purs, tes causeries avec les Anges ; donne-moi les fleurs de ton printemps, les roses de tes joues, cette modestie ridicule qui vient de la *femme* que je hais le plus ; et vous les lui donnez. Jeune homme, donne-moi tes jours et tes nuits, donne-moi ta santé, ta beauté, tout ce qui te rend si aimable ; donne-moi ton présent et ton avenir, les espérances de ton père, les joies de ta mère ; et vous les lui donnez. Époux et père, laisse-là ta famille s'attrister, tant qu'elle voudra, sur ce qu'elle appelle ta vie d'irréligion, de débauche, de scandale, qui ne t'empêche pas d'être honnête homme, selon le monde. Va chercher tes joies au-dehors de cet insupportable intérieur, à la taverne du village, ou dans le bouge de l'infamie. Buvons ensemble tes sueurs, les pleurs amères de ta femme, le sang de tes fils, les larmes si douces de tes filles. Donne-moi ton or ; donne-moi l'aisance et même le pain du ménage ; donne-moi l'honneur de ton nom, et, si tu as besoin de te soulager, donne-moi tes remords, ta malédiction, ton désespoir ; et vous les lui donnez. Vieillard, il y a quarante ans que tu me sers, et, pour récompense, je t'ai mis en main, dès ta jeunesse, la coupe de la volupté et de l'argent, pour la tenir toujours pleine ; je t'ai gardé ce feu des passions que tu caches sous tes cheveux gris. Et maintenant que tu crois entrevoir l'ombre du cercueil, tu songes à quitter des habitudes qui sont devenues pour toi des nécessités, à pratiquer une religion que tu as si bien bravée jusqu'ici et qui assombrirait ta sereine vieillesse. Pour te rassurer, écoute ce que j'ai fait dire à tes devanciers : *La vie est le passage d'une ombre ; après la fin, point de retour ; jouissons donc vite des biens présents* (1) ; *mangeons et buvons, car demain nous mourrons* (2). Qu'as-tu de plus à craindre qu'eux ? Donne-moi donc ce reste de vie, donne-moi tes épouvantes ; donne-moi ton cadavre, donne-moi ton âme ; et vous les lui donnez. Encore une fois, sans une influence satanique, ce langage et ces sacrifices sont-ils compréhensibles ? N'est-ce pas de la démence et de la fureur ? La raison humaine ne suffirait-elle pas à faire le pécheur renoncer à ce honteux esclavage du démon ? Et qu'est-ce donc, ô mon Dieu, quand vous y ajoutez la menace certaine, épouvantable, de la malheureuse éternité ?

Que les voix de l'abîme se taisent, pour ne laisser parler que *Jésus qui commande aux esprits immondes, en puissance et en vertu* (3). Il va faire sa tournée annuelle dans le monde, pour chasser le démon de toutes les âmes par la pénitence du Carême, par les sacrements de la Pâque. Dès le premier dimanche de la Quarantaine, l'Église vous montre, ô pécheurs, le Sauveur aux prises avec Satan, pour vous avertir que, durant *ces jours de salut*, il va se passer aussi en vous un grand combat. Satan y est établi et c'est lui qui vous dégoûte de la prière, des saints-offices, de la parole de Dieu, et qui vous fait trembler, comme des enfants, au seul mot de confession. Cependant point d'autre moyen, que cet attirail de mortifications, de sacrements, de piété, pour vous délivrer du démon qui vous obsède et pour l'empêcher de revenir dans sa demeure. Jésus-Christ vous offre sa main puissante pour briser vos chaines ; de grâce, ne la repoussez pas, car votre résistance dirait tout haut que vous êtes retenu par *la grande séductrice qui tient en sa main une coupe d'or, pleine d'abominations, et qui porte écrit sur son front : Mystère* (4).

Puissent ce Carême et cette Pâque chasser Satan et ses anges de nos chères Landes que Marie couvre de son manteau bleu semé d'étoiles, et que protège Saint-Vincent-de-Paul, la terreur aussi des démons. Si Nous avons essayé de sonder avec vous, N. T. C. F., les *profondeurs de Satan* (5), c'est pour vous apprendre combien précieuses sont vos âmes, puisque Dieu et Satan, les anges et les démons, le ciel et l'enfer se les disputent, par une

---

(1) Sap. II. — (2) I. Cor. XV. 32. — (3) Luc. IV. 36. — (4) Apoc. XVII. — (5) Apoc. II. 24.

lutte si persévérante ; c'est pour vous montrer *les pensées de Satan, afin qu'il ne puisse jamais plus vous circonvenir* (1). Une autre fois Nous soulèverons le voile qui nous cache la face des saints anges, si Dieu diffère encore un an de Nous ouvrir la route bienheureuse qui mène à leurs célestes demeures. Mais, dès aujourd'hui, Nous vous recommandons la dévotion aux bons anges ; Nous vous conjurons de l'unir à celle que vous avez pour leur Reine, de songer à votre ange gardien, quand vous dites si souvent à votre patronne : Marie, mère de la grâce, mère de miséricorde, délivrez-nous de l'ennemi et recevez-nous à l'heure de la mort.

A CES CAUSES,

Après en avoir conféré avec nos Vénérables Frères les Dignitaires, Chanoines et Chapitre de notre église cathédrale,

Nous avons ordonné et ordonnons ce qui suit :

Article 1er.

Tous les fidèles qui ont atteint l'âge de raison sont tenus à l'abstinence, et ceux qui ont 21 ans accomplis, à l'abstinence et au jeûne, s'ils n'en sont empêchés par quelque motif légitime.

Article 2.

En vertu d'un Indult Apostolique, en date du 19 novembre 1865, Nous autorisons l'usage des aliments gras, les dimanche, lundi, mardi et jeudi de chaque semaine, jusqu'au jeudi de la Passion inclusivement.

Les personnes dispensées du jeûne pourront faire usage de cette permission à tous les repas des jours précités, et les autres à un seul repas, excepté le dimanche.

L'Indult défend expressément de manger de la viande et du poisson dans un même repas.

(1) II. Cor. II. 11.

Article 3.

En vertu du même Indult, Nous permettons l'usage de la graisse pour préparer les aliments, au repas principal et à la collation, les jours de jeûne et d'abstinence du Carême et de l'année, excepté le mercredi des Cendres, tous les jours de la Semaine-Sainte, les Quatre-Temps du Carême, et pendant l'année, tous les jours d'abstinence où le jeûne est de précepte.

Article 4.

Pendant le Carême, excepté le Vendredi-Saint, Nous permettons l'usage des œufs au repas principal, mais non à la collation, pour ceux qui jeûnent, et à tous les repas pour ceux qui ne sont point obligés à jeûner.

Article 5.

Nous permettons l'usage du beurre, du fromage, du lait, à la collation, tous les jours de jeûne du Carême et de l'année.

Article 6.

Tous les Curés et Confesseurs sont autorisés à donner de plus amples permissions aux personnes qui en auraient vraiment besoin.

Article 7.

Notre Saint-Père le Pape prescrit à tous les fidèles qui profiteront des permissions sus-mentionnées de faire, à titre d'aumône, une offrande proportionnée à leurs facultés. Nous recommandons à MM. les Curés d'avertir les fidèles que cette offrande est obligatoire. C'est une légère, mais rigoureuse compensation de l'atteinte portée aux lois de l'Église. Cette aumône, indispensable aux besoins bien connus du Diocèse, ne peut être commuée en aucune autre bonne œuvre. D'après nos sages prédécesseurs, Nous indiquons toujours la moyenne de 25 centimes à chaque individu de la population paroissiale. Nous supplions les riches de se souvenir que Dieu les charge de donner à la place des pauvres. Tout en accomplissant par cette offrande un devoir imposé par l'Église, nos bien-aimés diocésains doivent savoir qu'ils Nous aident à entretenir parmi eux les sources du sacerdoce, et à subvenir à des besoins sans cesse renaissants.

Article 8.

Les pauvres qui seraient dans l'impossibilité absolue de faire cette aumône, y suppléeront en récitant cinq *Pater* et *Ave*, pour les besoins de la Sainte-Église, de Pie IX et du Diocèse.

Article 9.

Le Temps Pascal commencera le quatrième dimanche de Carême et finira le dimanche du *Bon-Pasteur*. En annonçant l'ouverture de ce temps, MM. les Curés liront le Canon du Concile de Latran touchant la Confession annuelle et la Communion pascale ; puis ils proclameront la faculté dont jouit tout Fidèle de s'adresser, pour la Confession, à tout Prêtre approuvé.

Article 10.

Tous les dimanches du Carême, après les Vêpres, il y aura Salut du Très-Saint Sacrement, auquel on chantera le Psaume X, *In Domino Confido*, le *Parce*, répété trois fois, le *Sub tuum*, suivis de l'oraison pour le Pape, *Deus omnium ;* puis le *Tantum ergo*, avec les verset et oraison du Saint-Sacrement.

Article 11.

Dans toutes les paroisses où l'on pourra rassembler un assez grand nombre d'assistants, MM. les Curés feront, le soir, à l'église, au moins deux fois par semaine, la prière publique, suivie d'une courte instruction. Nous autorisons pour ces jours la bénédiction avec le Saint-Ciboire, où il suffira de chanter deux strophes, le verset et l'oraison du Saint-Sacrement. Nous les exhortons à faire publiquement le Chemin de la Croix, chaque vendredi du Carême, pour la conversion des pécheurs, pour l'exaltation de la Sainte-Église, et pour la fin des tribulations de Pie IX.

Article 12.

Et sera notre présente instruction pastorale lue, en une ou deux fois, mais toujours avec le dispositif, dans toutes les églises et chapelles publiques du diocèse, le dimanche ou les deux dimanches avant le Carême.

Donné à Aire, en notre Palais épiscopal, sous notre seing, le sceau de nos armes et le contre-seing du Secrétaire de l'Évêché, en la fête de Saint-Antoine, abbé, 17 janvier de l'an de grâce 1868.

✠ LOUIS-MARIE, *Év.* d'Aire *et de* Dax.

Par Mandement :

SOULÉ, *Chan., Secr. gén.*

www.ingramcontent.com/pod-product-compliance
Lightning Source LLC
Chambersburg PA
CBHW060613050426
42451CB00012B/2223